SOUVENIRS

DU

SÉNÉGAL

PAR

M. MARCEL

PARIS

IMPRIMERIE TYPOGRAPHIQUE CH. SCHLAEBER

257, rue Saint-Honoré, 257

1892

SOUVENIRS

DU

SENÉGAL

PAR

M. MARCEL

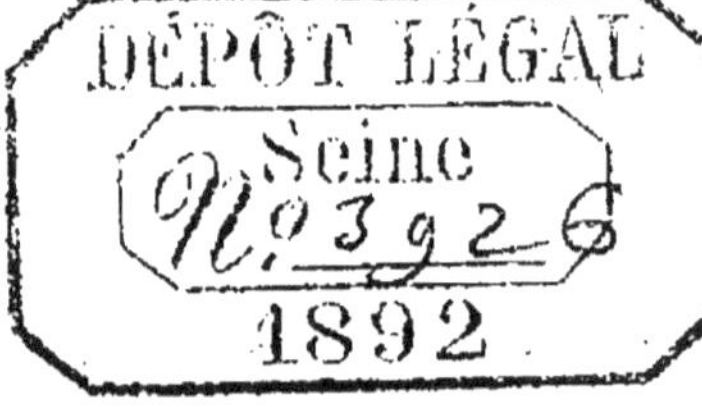

PARIS

IMPRIMERIE TYPOGRAPHIQUE CH. SCHLAEBER

257, rue Saint-Honoré, 257

1892

TITRES ET PARCHEMINS NÈGRES

En remontant le Sénégal pour aller de Saint-Louis à Kayes-Médine, un des pays les plus intéressants que l'on rencontre sur sa route est le Toro. Ce royaume s'étend sur le marigot de Doué et toute la grande île à Morphile, formée par une bifurcation du Sénégal, vaste territoire d'environ 200 kilomètres de long sur 15 à 30 de large.

La partie bordée par le grand bras est complètement submergée au moment de la crue. A cette époque les habitants se retirent sur la grande terre pour fuir l'inondation.

A partir de Doué, longeant le marigot à des distances variables, une ligne continue de collines sert de remparts contre l'envahissement des eaux, protégeant villages, récoltes et troupeaux. Cette chaîne séparée du petit bras par de grandes plaines, formées presque entièrement de terres d'alluvion, n'est pas facilement accessible et ne rejoint la berge qu'à Médina.

Le chef du Toro a le titre de Lam. Ayant des affaires assez importantes à traiter avec lui, j'ai entamé les négociations à mon passage à Guédé, sa capitale, et lui ai donné rendez-vous à Saldé pour prendre réponse définitive. Ce chef nous est très dévoué et pourrait faire prospérer le pays si sa timidité et son manque d'instruction ne paralysaient sa bonne volonté naturelle. Il est grand, bien pris dans sa taille, de figure agréable, mais manque d'expression. Très mou de caractère, facilement impressionnable, je le crois incapable de prendre, à lui seul, une détermination. Aussi son entourage ne se fait-il pas faute d'en abuser. Il a tant à lutter chez lui ; ses gens se plaignent si souvent, nous le rudoyons nous-mêmes, parfois, tellement, au lieu de le guider, qu'il est toujours tremblant et redoute nos visites, plus qu'il ne les désire.

Généralement la première partie du *palabre* est employée à le tranquilliser. Une fois à son aise, cet homme se transfigure ; il expose ses idées avec précision ; la sagesse de son raisonnement vous étonne et l'on se demande comment, chez lui, il y a si loin de la théorie à la pratique.

Il parait évident que la fréquentation habituelle de ses favoris, gens pour la plupart mal avisés, contribue singulièrement à annihiler ses bonnes intentions et il est fâcheux qu'il ne puisse pas plus souvent s'inspirer de nos conseils.

Le Lam est toujours accompagné d'un factotum, sorte d'idiot superbement vêtu d'un boubou de soie jaune d'or, d'un pantalon de même étoffe et chaussé de bottes de maroquin rouge, boutonnées jusqu'aux genoux et ornées à profusion de glands de soie aux couleurs variées ; une large bande de mousseline claire, bigarrée de dessins rococos, aux tons criards, s'enroule autour du crâne chauve de ce page d'un nouveau modèle et couronne le magnifique édifice de son étincelant costume d'une auréole étrange.

Ce bizarre personnage, dont les yeux et les dents brillent comme des escarboucles, porte d'un air majestueux le sabre de son maître. Ce sont ses principales, peut-être ses uniques fonctions.

J'ai vainement essayé d'entamer avec lui une conversation ; à toutes mes questions il s'est retranché dans un mutisme absolu, se contentant de répondre par un coup de langue sec qui, accompagné d'un certain mouvement de tête, signifie chez les noirs : *cela suffit.*

Guédé, résidence habituelle du Lam, est située non loin du grand bras, aussi est-elle complètement inondée à l'époque des grandes eaux et ses habitants sont-ils obligés d'émigrer et d'aller chercher un refuge en face, sur la colline, dans un grand village appelé Agnam-Guédé.

Le Lam, durant la saison sèche, habite, à Guédé, une belle case carrée, construite en terre battue, ayant portes et fenêtres, ce qui est fort rare dans les habitations des noirs. On trouve chez lui un ameublement européen, composé d'un lit en bois blanc peint en jaune, de deux chaises et d'une petite glace à cadre doré. Très fier de cet opulent mobilier, il m'a montré, avec un orgueil enfantin, tous les détails de son établissement.

Devant la façade principale de ce primitif palais, une aire de quatre à cinq mètres de côté sert de salon de réception ; on s'y accroupit sur des nattes et seuls les principaux notables y ont accès. Pour arriver à ce sanctuaire, il faut suivre les dédales d'un véritable labyrinthe bordé de hauts murs en terre battue, troués de portes basses gardées par des sentinelles armées de longs fusils à pierre, à deux coups.

De temps à autre, à l'une de ces ouvertures, paraît la tête curieuse de quelque noire beauté et, de toute part, retantit le pion à cous-cous dont le battement cadencé n'est interrompu que par les claquements de mains stridents et les éclats de rire argentins des femmes et des filles qui, suivant la coutume de leurs pareilles, dans tous les pays du monde, babillent à cœur joie, au grand détriment, parfois, de la réputation du prochain.

Le roi du Toro a trois femmes légitimes — le malheureux ! — sans compter des concubines qu'il change assez souvent et dont le nombre variable n'est jamais inférieur à cinq.

On se demande, en pays chrétien, où il
est quelquefois si difficile de vivre en bonne
intelligence avec une seule légitime, comment ces honnêtes mahométans peuvent
avoir une minute de tranquillité, quand ils
sont obligés de partager leur existence
entre une douzaine de représentants de la
moitié du genre humain la plus belle, as-
surément, mais aussi la plus .... capri-
cieuse.

Autour de l'enceinte réservée au souverain se groupent les cases de ses fidèles ; et
la mosquée s'élève à quelques pas du palais.

De cette façon, le fortuné monarque a
sous la main tout ce qui fait la joie des pe-
tits potentats africains : ses femmes, ses
courtisans et ses marabouts.

La mosquée de Guédé, construite en
terre battue, flanquée de quatre pyramides
ayant la prétention d'imiter des clochetons,
n'est pas un monument bien remarquable.

J'ai été introduit dans le palais du roi
par son oncle, le vieux Moktar, qui nous en
fit les honneurs avec beaucoup de cour-
toisie.

Moktar, fils d'un ministre et ancien ministre lui-même du roi Ely, ayant senti
l'inanité des grandeurs humaines, s'est re-
tiré de la politique pour vivre humble et
ignoré chez son neveu. Mais tout en renonçant aux vanités de ce monde, il est
clair que ce philosophe n'a pas entendu se
priver des jouissances recommandées par

Mahomet et que la femme joue encore un rôle prépondérant dans son existence.

Le premier ministre du Lam est un *captif de case* portant le titre de Diagoudine.

Chargé de rendre la justice et de percevoir les impôts, cet important personnage commande pendant la guerre *les captifs de la couronne* qui constituent, à eux seuls, le corps d'infanterie du Toro. Ces hommes sont relativement bien armés et parfaitement équipés pour le but à remplir. Parmi les fantassins du Sénégal, ce sont les seuls qui portent toujours sur eux, en temps de guerre, une journée de vivres.

L'armée du Toro ne comprend guère que de l'infanterie ; le cheval est trop rare, coûte trop cher et vit trop peu dans ce pays pour qu'on l'expose aux coups de l'ennemi et aux fatigues de la campagne ; aussi n'existe-t-il à Guédé que quelques éclaireurs montés, également chargés, à l'occasion, de poursuivre et de capturer les fuyards débandés.

Le Diagoudine actuel est une bête brutale et sauvage ; mais joignant la finesse à la force, il déploie en toute occasion une énergie intelligente dont les résultats sont malheureusement presque nuls, grâce à la faiblesse du Lam qui arrête tous les élans et entrave l'action de ses plus dévoués serviteurs.

Le Toro est essentiellement aristocratique. Chefs de village et notables de vieille

souche y sont nombreux. On y trouve ce-
pendant beaucoup de peuhls et d'émigrants
du Dimar et du Woloff qui ont créé des villages Toucouleurs à côté des vieux Torodos.

L'appellation des chefs de village est l'in-
dice le plus certain de l'origine des habitants. Les véritables Toucouleurs ont à leur
tête des *Elimau*. Abdoul-Tabara, l'un des
chefs les plus importants du Toro et chef
particulier du petit village toucouleur de
Boïa, a pour titre officiel *Elimau-Boïa*.
Beau vieillard, toujours souriant, plein
d'affabilité et d'embonpoint, on pourrait
dire de lui : *Trop poli pour être honnête*.
Sous une apparence de bonhomie, de fran-
chise, de droiture et d'aimable rondeur, il
cache, en effet, un esprit délié, prompt à
ourdir la ruse et une conscience d'une élas-
ticité tout à fait remarquable.

Chez les peuhls, les chefs de village ont
le titre d'*Ardo*. Babeli, chef des peuhls de
Guédé, qui est l'opposant le plus infatigable
du Lam, est officiellement dénommé « Ardo-
Guédé ».

Les Torodos, vrais conquérants du sol,
ont conservé une organisation sociale parti-
culière, sorte d'oligarchie militaire dont les
chefs, servant d'intermédiaires entre le
peuple et le Lam, s'appellent, suivant la ré-
gion, *Dism* ou *Farba*. Siley, chef du village
Torodo d'Oualdé, est *Farba Oualdé* ; mais,
particularité bizarre, tout en étant pur Torodo, son ancienne origine Peuhl le fait

Ardo de naissance ; en sorte que, dans une présentation officielle ce moricaud en boubou bleu, à la petite calotte blanche, qui ressemble au premier nègre venu, devient un noble de première volée qui, en d'autres pays, aurait, pour le moins, trois ou quatre douzaines de quartiers : *Ardo - Siley — Farba-Oualdé !*..... la foule s'incline et lui, très digne, reçoit ses hommages comme une chose due sur laquelle il est, depuis longtemps blasé.

Pour terminer l'émunération assez fastidieuse des titres les plus fréquemment employés dans le Toro, il faut signaler la présence dans ce pays de nombreux *Tiernos* venus du Dimar, du Woloff et du Cayor. On rencontre à chaque pas des *Tierno-molé* (fils de Tierno). Leurs pères avaient autrefois seuls le droit d'élire les rois du Djoloff et du Oualo. Aujourd'hui ils sont restés grands notables, mais ont dû fuir leurs villages, ne pouvant assister impassibles aux transformations que la conquête voulait introduire dans leur patrie. Ils se sont, par suite, répandus dans le Fouta et particulièrement dans le Toro où ils ont apporté leurs richesses, leur intelligence, et où ils ont trouvé les égards dûs à leurs mérites. L'histoire du Toro serait longue et manquerait peut-être d'intérêt ; elle aurait, d'ailleurs, des lacunes considérables, car la tradition seule en conserve les faits les plus remarquables.

Le Toro formait, dans le principe, la pointe occidentale du Fouta. Longtemps opprimé par le Bosséa, il a sans cesse combattu courageusement et, de concert avec le Fouta central, opposé la plus grande énergie à notre marche envahissante. Nous n'y avons établi notre influence qu'après de nombreuses luttes, et les premiers traités signés en avril 1859 par les capitaines du *Griffon* et du *Crocodile* ayant été déchirés, il fallut que Régnault, envoyé par Jauréguiberry, vînt de nouveau, en mars 1863 imposer les volontés de la France à ce peuple jaloux plus que d'autres de conserver son indépendance. Quoiqu'il en soit, depuis l'acte additionnel du 1er septembre 1863, notre protectorat a été définitivement établi sur le Toro; et la majorité du pays est restée fidèle à ses engagements.

Au Toro ont été rattachés plus tard les territoires occupés par les Aleïbés. Ceux-ci, guerriers difficiles à conduire, sont Toucouleurs exaltés.

A une époque éloignée et difficile à déterminer, l'Almamy du Fouta ayant à se défendre contre les incursions des Maures qui, chaque année, venaient, presqu'à date fixe, piller ses troupeaux, eut une idée lumineuse. Un des points préférés par les brigands pour exercer leurs rapines était le coude d'Aleïbé dont la longue pointe de sable s'avance comme un coin dans la terre Maure.

Les Aleïbés, toujours en lutte avec leurs

voisins, étaient insupportables à la République du Fouta. L'Almamy Assaka pour s'en débarrasser résolut de les mettre en lutte avec les Maures et de faire ainsi d'une pierre deux coups; endettés vis-à-vis du Fouta, obligés de payer à l'Almamy un impôt de capitation considérable, les Aleïbés acceptèrent la mission de chasser les Maures et d'empêcher leurs incursions à la condition qu'ils seraient exemptés de l'impôt et que remise de leurs dettes leur serait faite.

Depuis lors les gens d'Aleïbé, fidèles à leur convention, avaient arrêté les descentes des pillards sur le territoire du Fouta, commettant bien, il est vrai, pour leur compte quelques déprédations, voleurs, menteurs, redoutés et détestés de tous, mais en somme restant chez eux, lorsqu'un jour il advint qu'après s'être alliés au Bosséa et avec Abdoul Boubakar, ils s'attaquèrent au Lam-Toro. Mal leur en prit, car à dater de ce jour, nous ne cessâmes de leur infliger des leçons plus ou moins dures, particulièrement en 1863, les contraignant à reconnaître l'autorité du Lam-Toro. Mais ils la supportent difficilement et refusent parfois, même encore aujourd'hui, de s'y soumettre malgré toutes les piles qu'ils ont reçues; et celles qu'ils sont destinés à recevoir ne les assagiront point, tant est grand l'amour de l'indépendance et tant est développé l'esprit d'agitation chez ce peuple batailleur et sans scrupules.

TAM-TAMS & CRIN-CRINS

En pays noir tout est prétexte à fête ; il se fait autant de musique, on danse et on chante tout autant pour une cérémonie funèbre qu'à l'occasion d'un mariage, d'une naissance ou de tout autre heureux événement. Un soir, à Dagano, étant inopinément tombé au milieu de l'enterrement d'un grand chef, j'assistai à une bamboula monstre, fantastique charivari dont les Africains raffolent et qu'ils se paient le plus souvent possible.

Pour la circonstance, huit griots, munis de tamtams, avaient été arrêtés.

Le tamtam est un cylindre de bois creux, plus ou moins grand, recouvert d'une peau raidie au moyen de lanières de cuir, à peu près comme un tambour ordinaire. En tendant plus ou moins la peau, à l'instar de nos *tapins*, on arrive à mettre les instruments d'accord.

Parmi les tamtams requis pour la cérémonie, il y en avait un absolument récalcitrant ; c'était le plus petit de la bande. Après dix minutes de vains efforts pour lui faire prendre le ton qui lui était assigné dans la partie, le chef des griots le mit honteusement à la porte.

Le concert commença par *un morceau* de

tam-tams ; puis un chœur d'hommes entonna une sorte de mélopée sur le mode mineur. Au milieu de la nuit ce chant plaintif, singulièrement rythmé, produisait une impression dont j'ai gardé un excellent souvenir.

Etonné de ces effets tout nouveaux pour mon oreille habituée déjà à la musique indigène, j'allai voir le chef des griots et me rendis compte qu'il avait réellement une supériorité marquée sur la plupart de ses confrères. Ancien sergent de tirailleurs, cet homme avait perfectionné son goût musical, durant ses séjours à Saint-Louis, en entendant la musique du bataillon.

Mon sergent, fier de l'appréciation flatteuse du *toubab* (1), se mit avec empressement à ma disposition et m'exhiba tous les tam-tams en me donnant sur la valeur de chacun d'eux des explications aussi abondantes que lumineuses.

Parmi tous ces instruments, celui qui frappa le plus particulièrement mon attention et que je n'avais encore vu nulle part, est le grand tamtam de guerre. C'est une énorme timbale en bois dont l'ouverture a plus d'un mètre de diamètre ; elle est couverte d'un épais cuir de bœuf, solidement tendu au moyen d'un appareil compliqué de courroies.

Orné d'une énorme quantité de gris-gris

---

(1) *Toubab* signifie *blanc*, c'est ainsi que les noirs du Sénégal appellent les Européens.

affectant les formes les plus originales, le tam-tam de guerre est, à la fois, le clairon qui sonne la charge et le drapeau autour duquel les troupes se rallient. Il ne résonne qu'en cas de danger commun immédiat ou quand les guerriers sont en marche.

Les griots sont obligés de se mettre deux pour le porter à cause de son poids considérable et de sa grande dimension; mais, seul, le chef est autorisé à le battre et c'est en le frappant rapidement avec deux baguettes qu'il accompagne les chants belliqueux des soldats.

Chez les Maurés, quand le grand tam-tam se fait entendre, c'est que la tribu lève le camp et va se mettre en marche.

Les griots se servent aussi d'instruments à cordes: guitares ou violons. La caisse de ces instruments, le plus souvent formée d'une calebasse coupée en deux, parfois d'un morceau de bois léger grossièrement travaillé, est fermée d'un cuir mince tendu avec soin, alors qu'il est encore frais. L'appareil se complète d'un manche plus ou moins long et plus ou moins mal adapté. Quant aux cordes à boyau, elles sont remplacées par des crins de cheval.

Quelques artistes râclent cette sorte de pochette avec une espèce d'archet; d'aucuns la chatouillent avec une plume taillée en forme de cure-dent; d'autres, enfin, en pincent comme d'une guitare.

Les sons qu'on en tire ne manquent pas

de douceur et sont même, parfois, fort agréables à l'oreille, mais ils sont tellement grêles qu'il faut, pour en jouir, le silence de la nuit ou de l'heure de la sieste.

On peut dire, à sa louange, que c'est un instrument discret qui n'amuse que ceux qui veulent bien l'écouter et n'agace jamais personne.

Les dimanches ou le soir après l'exercice, aux heures de liberté, il n'est pas rare de rencontrer un spahi rêveur ou un tirailleur mélomane armé d'un stradivarius de ce genre. Le troupier noir transplanté à Saint-Louis a des tristesses d'exilé ; pour lui, certains chants sont comme des échos de son pays ; il aime à se les redire à lui-même ou à les chanter en faux bourdon au milieu d'un petit cercle de compatriotes. C'est toujours en mineur et accompagné d'un des instruments que je viens de décrire qu'il laisse épancher le trop-plein de sa poésie mélancolique.

J'ai assisté bien des fois à ces concerts intimes et j'ai regretté de ne pas comprendre la langue des artistes pour saisir sur le vif le génie de ces peuples, naïfs et enfantins, malgré la profonde dépravation morale dont ils sont atteints.

Plusieurs fois j'ai essayé de me faire traduire ces chants par mon domestique noir, mais outre qu'il est difficile d'obtenir une explication d'un indigène, la plupart du temps le chanteur se tait, dès qu'il s'aperçoit qu'il est écouté par un *toubab*, à moins que, payant d'audace, il ne change de ton et ne vous écorche, plus ou moins mal, un air français quelconque. L'un d'eux, sans doute pour m'être agréable, m'a joué un jour l'air insipide du *Beau Dunois* et voyant à ma pantomime que sa musique m'agaçait, il a entamé très allègrement un morceau de la *Grande Duchesse*; mais, arrivé au passage : « *Leur air vainqueur, leurs manières, en eux tout me plaît* », il s'est embrouillé, a détonné deux ou trois fois et, finalement, s'est arrêté en me disant :

« *Tu vois, mossié, moi pas savoir chanter français.* »

Le mode mineur est le plus généralement employé par les Africains ; ils se servent si peu du mode majeur, à l'exception des Bamanos, dit-on, qu'on serait presque tenté de croire que la plupart ne le connaissent pas.

Ils possèdent pourtant un instrument, le balafon, qui reproduit exactement notre gamme majeure. C'est un harmonica à lames de bois renforcées par des callebasses de tailles appropriées à la note. On en tire, au moyen de deux baguettes terminées par des boules de caoutchouc, des sons qui ne manquent pas d'une certaine ampleur. J'ai eu un de ces instruments entre les mains ; il était énorme et, quoique privé de sa seconde octave, il comportait vingt et une notes sur trois rangs. Son propriétaire, un griot, ma foi! fort habile, en jouait très agréablement en s'accompagnant à la tierce avec l'octave inférieure.

Cet artiste jouait également, dans le mode majeur, d'une flûte en paille de mil, à huit trous, exécutant des roulades sans fin perlées très délicatement comme un délicieux gazouillement d'oiseau.

Malheureusement il n'y a dans cette musique fantaisiste aucune mesure.

J'ai cru comprendre que sa flûte ne servait généralement à mon griot que pour appeler à la danse ses hommes, dont séance tenante il a tenu à me faire admirer le savoir-faire.

J'avoue qu'ils sont surprenants ; trois surtout parmi eux en remontreraient aux meilleurs clowns de nos cirques. Leur façon de faire la roue, d'agiter les bras et d'exécuter culbutes fantastiques et sauts périlleux, les désigne à l'attention des Barnums de l'ancien et du nouveau monde. Le public serait peut-être d'abord un peu étonné des cris de ces acrobates exotiques et du vacarme des tams-tams, mais il prendrait, j'en suis certain, le plus vif intérêt à leurs gambades excentriques.

On pourrait compléter la troupe avec une dizaine de saracolets dont les quadrilles chantés auraient un vrai succès, surtout si la dame Anastasie voulait bien les autoriser à se livrer aux déhanchements épileptiques de l'*Anamalis zobine*, de joyeuse mémoire.

LÉGENDE ET HISTOIRE

Notre petit territoire de Bakel fait partie du Guoy-Kaméra, l'un des pays les plus florissants des rives du Sénégal et l'état le plus important du Galam.

Au sud et au sud-ouest de notre possession se trouve une contrée habitée par une population nombreuse, riche des produits naturels d'un sol privilégié et de son commerce avec les caravanes dont la route habituelle se dirige de plus en plus vers le sud en s'éloignant systématiquement des bords du fleuve. C'est le Bondou qui, après avoir englobé le Poular, s'est étendu jusqu'au Ferlo, ayant pour limites naturelles, à l'est, le cours de la Falémé.

Le Bondou, à une époque assez difficile à déterminer, était un véritable désert dépendant du Guoy-Kaméra. L'histoire de son indépendance est singulière et mérite d'être racontée.

Il était une fois un marabout si célèbre, si célèbre, que des quantités de voyageurs accouraient pour le visiter et que de tous les pays voisins les pères de famille lui envoyaient leurs enfants à instruire.

Cet homme extraordinaire appartenait à la race Peuhl; Malik-Si était son nom. Il

avait choisi pour Thébaïde un point complètement isolé, nommé Boulébane; situé
sur une colline, à l'abri des inondations et
tout près d'un grand marigot dont les eaux
restaient claires et abondantes, même pendant les plus terribles sécheresses.

Notre marabout, comme la plupart de ses
collègues, débitait une quantité considérable de gris-gris, d'une rare vertu, vendus
au poids de l'or aux naïfs pèlerins qui venaient en bandes pieuses assiéger chaque
jour la porte de sa case. C'était, pour le
saint homme, la source de revenus capables
d'assurer la plus heureuse existence au
prêtre le moins détaché des biens de ce
monde. Mais Malik-Si sous des apparences
d'humilité profonde et de désintéressement
monacal cachait un orgueil démesuré, une
ambition de conquérant. Après maintes re-
cherches savantes et moult dévotieuses
prières, il avait réussi à fabriquer un gris-
gris à nul autre pareil.

Cette œuvre précieuse, qui devait assurer
la victoire à son heureux détenteur dans
toutes les guerres et entreprises, ainsi qu'à
sa descendance, dans les siècles des siècles, avait été offerte au Tounka, roi du
Tuabo.

Le Tounka, plein de reconnaissance pour
le vénéré fabricant de sa précieuse mascotte,
ne jurait que par lui et si Malik-Si, profitant
des bonnes dispositions de son royal client,
avait demandé des récompenses, le crédule

potentat les lui eût accordées de grand cœur.

Mais le fin matois, mûrissant un projet dont la réussite dépendait de sa discrétion, se serait bien gardé de recourir pour si peu à la générosité du roi.

Le Tounka, touché de cette extrême délicatesse, se défiait d'autant moins et ne s'attendait guère au bon tour dont il allait être victime.

Un beau matin notre marabout se présente devant le roi et lui expose en termes saisissants la situation malheureuse de sa petite colonie scolaire : « La récolte de riz a
» manqué ; pour nourrir ses élèves il a
» fallu acheter du riz à Sénoudébou ; nour-
» riture détestable pour des enfants et des
» jeunes gens ; échauffante et, surtout, fort
» coûteuse ; c'est la ruine à bref délai. Pour-
» tant, si le roi consentait à se déssaisir, en
» sa faveur, d'une modeste parcelle de son
» vaste royaume, peut-être parviendrait-il
» à sortir du mauvais pas où l'a placé la
» fatalité. Le lieu est indiqué, là croissent,
» en grand nombre, baobabs et tamariniers ;
» leurs fruits rafraichissants servant à l'ali-
» mentation de ses disciples, ils pourraient
» donner à l'étude le temps précieux em-
» ployé jusqu'ici à se procurer les ressour-
» ces nécessaires à leur maigre subsistance.
Qui profiterait le plus de cette donation ? La science et le roi lui-même dont
» le pays, invincible déjà, deviendrait pro-

» chainement l'état le plus instruit et le
» plus brillant de la Sénégambie ».

Séduit par cette chatoyante perspective,
le Tounka se hâte d'accéder à la requête de
son protégé ; mais quand il s'agit de déli-
miter le nouveau domaine du marabout, de
grosses difficultés surgissent tout à coup ;
Malik-Si, comme saisi du remords d'avoir
trop demandé, met à toute minute ses scrupules en avant..... « non..... c'est trop,.....
» beaucoup moins me suffirait.... je n'ose-
» rais vraiment pas.... » si bien que le roi
piqué au jeu croit devoir user de son autorité pour calmer le saint homme et finit par
lui dire : retourne chez toi, ô le plus intègre
et le plus timoré des marabouts, après de-
main « Diber » (le second jour de la se-
maine) nous partirons, chacun, au lever du
soleil, toi de Boulebane, moi de Tuabo,
marchant au devant l'un de l'autre ; du
point où nous nous rencontrerons nous tire-
rons une grande ligne qui servira de limite
entre le Guoy et le canton que je te donne,
heureux de pouvoir ainsi te prouver mon
amitié.

Au jour indiqué, Malik-Si, bien avant
que le disque du soleil eût émergé à l'horizon, se tenait prêt au Salam ; après avoir
assez prestement expédié ses dévotions, il
partit d'un pas allègre, vêtu d'un simple
boubou afin d'être moins gêné, et armé d'un
bâton pour s'aider dans sa marche. Le moine
allait d'un pas cadencé ouvrant le plus pos-

sible le compas de ses longues jambes, [ar-
péntant le pays, foulant le sol en vainqueur.
Baobabs, tamariniers, marigots et lugaus
défilaient en sens inverse de sa course, et
notre homme s'en allait joyeux adressant
tout bas des remerciements au ciel : Bissimilaï !... disait-il, encore ce beau groupe
de baobabs qui m'appartient... Bissimilaï !...
Si je pouvais dépasser ce superbe champ de
lugau !... voilà un bien beau marigot où l'on
doit trouver de l'eau pure toute l'année....
Bissimilaï Allah ! et de Bissimilaï en Bissimilaï sa propriété allait toujours en s'allon
geant.

Ce jour-là, le roi du Tuabo n'avait pas
plus que de coutume devancé le soleil ;
ayant dormi fort paisiblement, il s'était levé
sans hâte ; puis, après avoir fait avec soin
ses ablutions, après avoir pieusement pro-
cédé aux différentes cérémonies du Salam,
il avait mangé le couscous chez la seconde
de ses femmes, caressé les marmots, vaqué
à diverses occupations matinales et, enfin,
se rappelant sa promesse de l'avant-veille,
il s'était mis en route accompagné d'un de
ses fils et de son griot préféré. Chemin fai-
sant, le débonnaire monarque se félicitait
d'avoir laissé un peu d'avance au savant
marabout. « Le pauvre diable, se disait-il,
il est si vieux, si cassé, il n'aura pas eu le
temps de faire un long chemin, laissons lui
gagner encore quelques pas, cela ne me
ruinera pas. » Et il s'en allait en flânant,

écoutant le caquetage du griot, riant de ses saillies, admirant la nature, heureux de prouver sa reconnaissance au marabout en augmentant de quelques mètres carrés l'étendue de la concession qu'il voulait lui faire.

Tout à coup, un homme paraît à l'horizon :

— C'est Malik-Si, lui dit son fils.

— Allons donc ! Nous ne sommes pas à une heure de notre point de départ; Malik-Si n'est pas encore à cinq cents pas de Boulebane.

Mais l'homme avançait rapidement et il était impossible maintenant de ne pas le reconnaître : c'était bien Malik-Si ; quelques secondes plus tard, se précipitant le front dans la poussière, le saint marabout remerciait chaleureusement son souverain de sa princière générosité. Le Tounka, interdit de tant de dissimulation et de perversité, ne pouvait en croire ses yeux et restait muet de surprise devant le traître prosterné. Enfin, recouvrant la parole :

— Ecoute, Malik-Si, lui dit-il d'un ton digne et méprisant, tu es marabout, je ne devais pas l'oublier ; et tu es peuhl, j'aurais dû m'en souvenir ; la ruse et la duplicité inséparables de ton ministère, jointes à l'esprit naturel, apanage de ta race, ont triomphé de ma bonne foi et de mon honnêteté ; tu m'as indignement trompé ; les termes du contrat sont faussés, je pourrais ne pas l'exécuter et te tuer comme un chien ; mais j'ai promis et le Tounka n'a qu'une parole. Va, relève ta tête de serpent ; tout le pays que tu as parcouru t'appartient.

Et, du point où se trouvaient réunis les quatre témoins de cette bizarre et mémorable donation, une ligne fut tirée qui servit de démarcation entre le Guoy et le Bondou.

Malik-Si, devenu propriétaire incontesté du Bondou, se nomma lui-même almamy et résolut de peupler le pays. L'acquérir avait été chose simple et facile, y faire venir des habitants demandait plus de peine et surtout plus de temps. Quel moyen employer ? Sans connaître les origines de Rome, l'astucieux almamy eut l'idée du *bois* sacré et cette idée lui réussit comme elle réussira chaque fois qu'on l'appliquera, aussi bien aux pays noirs de la Sénégambie que sur les rives du Tibre.

Bientôt, les bannis des royaumes voisins, les émigrés, les pasteurs et les nomades de toutes les parties de l'Afrique affluèrent dans le nouvel Etat. On vit accourir des représentants de tous les peuples : Torodos, Peuhls, Woloffs, Saracolets, Biawaras expulsés du Kaarta, Bambaras, Toucouleurs, gens de sac et de corde chassés de leur pays pour un méfait quelconque, arrivaient en foule se placer sous la protection du nouvel Almamy.

Après avoir obligé cette tourbe à vivre en paix sous sa loi, lorsqu'il jugea l'association interlope assez unie par les liens de l'habitude, suffisamment attachée à une existence en commun calme et heureuse, Malik-Si, se trouvant trop à l'étroit, pensa le moment venu d'arrondir son domaine.

Encouragé par la réussite constante de ses projets ambitieux, il n'hésita pas à entrer immédiatement en campagne ; et l'homme de prière devînt, du jour au lendemain, homme de guerre. Ses succès furent d'abord éclatants ; rien ne semblait pouvoir résister à sa marche conquérante, quand un jour, poussé par son ambition toujours croissante, foulant aux pieds les lois sacrées de la reconnaissance, oubliant la vertu du fameux gri-gri, cause première de son étourdissante fortune, il s'attaqua au Guoy.

Le Tounka, heureux de trouver enfin l'occasion de châtier son ancien ami, prit lui-même le commandement de ses guerriers et, grâce à son invincible mascotte, grâce surtout, probablement, à l'ardeur et à la vaillance de ses hommes, à qui il avait su faire partager sa vieille rancune, il infligea au traître la plus dure leçon que puisse jamais recevoir insolent parvenu.

Humilié dans son orgueil, battu à plate couture, Malik-Si rentra, l'épée dans les reins, à Boulebane, où, réfléchissant un peu tard aux vicissitudes de la guerre et au danger de fabriquer pour les autres de trop merveilleux porte-bonheurs, il résolut de lier avec ses voisins des relations amicales, renonçant à de nouvelles conquêtes, afin de conserver plus sûrement les anciennes.

La race de Malik-Si se nomme Sissibé. C'est dans cette noble famille, à l'exclusion de toutes autres, que l'Almamy du Bondou est encore choisi actuellement. Boulebane ou Koussang sont ses résidences habituelles. Détenteur d'une autorité absolue, il a conservé sur le territoire de Bakel, malgré notre occupation, un pouvoir occulte mais très effectif.

Les rouages de son administration sont remarquablement agencés et près des chefs de chaque village sont placés des agents à lui, fidèles et dévoués, chargés de recueillir son impôt spécial et de l'avertir secrètement des moindres événements.

Ainsi organisé, le Bondou est puissant et prospère. Mais la situation enviable de cet État n'est pas l'œuvre d'un jour; il ne l'a acquise qu'après avoir subi des secousses terribles et passé par des péripéties nombreuses qu'il serait trop long de raconter aujourd'hui.

PARIS.—IMP. CHARLES SCHLAEBER, 257, RUE SAINT-HONORÉ